キリン

giraffe

カンガルー

känguru

バグ

fehler

モンキー

affe

たこ

tintenfisch

ウサギ

hase

鮫

hai

虎

tiger

ヤク

yak

シマウマ

zebra

アリゲーター

alligator

犬

hund

オウム
papagei

動物たち
tiere

羊
schaf

ワーム
wurm

蟻
ameise

ネコ
katze

鹿

hirsch

象

elefant

魚

fisch

めんどり

henne

イグアナ

leguan

ライオン

löwe

モル

maulwurf

ふくろう

eule

豚

schwein

おんどり

hahn

かたつむり

schnecke

七面鳥

truthahn

鯨

wal

蜂

biene

アヒル

ente

ゴリラ

gorilla

くま

bär

鳥

vogel

チキン

hähnchen

牛

kuh

カニ

krabbe

うま

pferd

子猫

kätzchen

リス

eichhörnchen

バタフライ

schmetterling

キャメル

kamel

イルカ

delphin

鷲

adler

ひよこ

küken

狐

fuchs

カエル

frosch

やぎ

ziege

カバ

nilpferd

パンダ

panda

子犬

hündchen

マウス

mäuse

ペンギン

pinguin

ヘビ

schlange

クモ

spinne

カメ

schildkröte

狼

wolf

飛ぶ

fliegt

昆虫

insekt

コアラ

koala

ウズラ

wachtel

ネズミ

ratte

スカンク

stinktiere

チーター

gepard

トカゲ

eidechse

牝馬

stute

ダチョウ

strauß

カキ

auster

ペリカン

pelikan

鳩

taube

トナカイ
rentier

白鳥
schwan

ヒキガエル
kröte

ハゲタカ
geier

セイウチ
walross

あさり
muschel

イノシシ

eber

膝

knie

ハンド

hand

眼

auge

頭

kopf

足

beine

ヘア
haar

耳
ohren

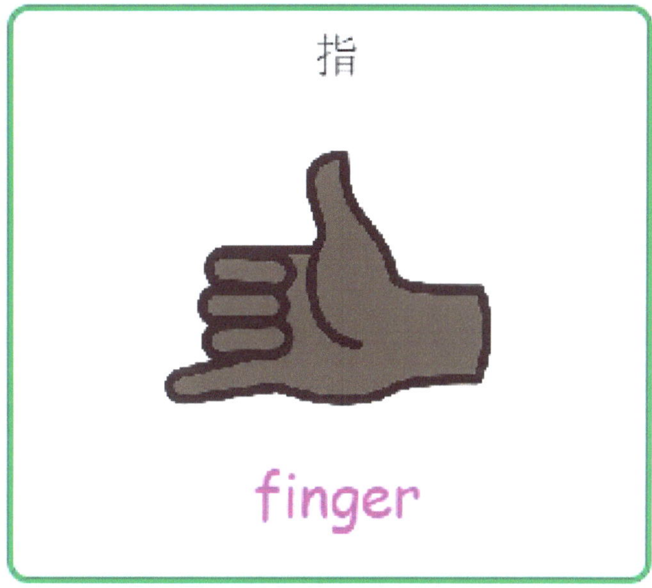

指
finger

鼻
nase

歯
zahn

ショルダー
schulter

arm

bart

kinn

ellbogen

gesichter

mund

ネック

hals

親指

daumen

舌

zunge

筋

muskel

お尻

hüfte

体

karosserie

アイスクリーム
eis

ジャム
marmelade

スイカ
wassermelone

ケーキ
kuchen

オレンジ
orange

ヨーグルト
joghurt

レモン

zitrone

ミルク

milch

洋ナシ

birnen

林檎

apfel

パン

brot

ココナッツ

kokosnuss

ブロッコリ
brokkoli

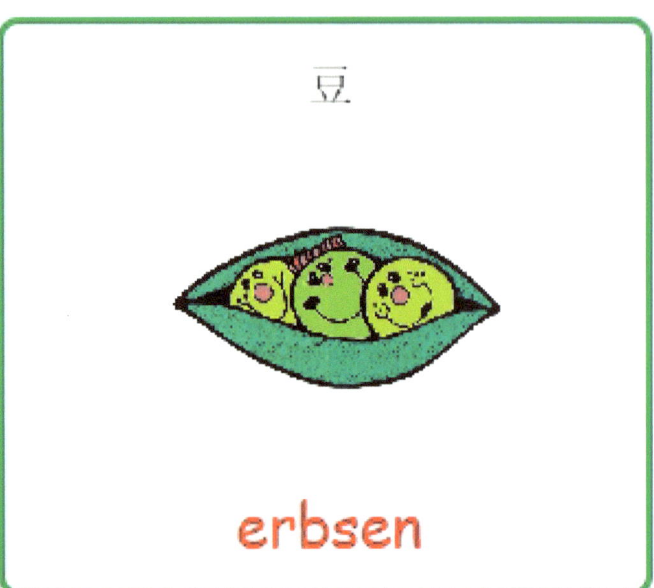

豆
erbsen

サラダ
salat

チリ
chili

チェリー
kirsche

バナナ
banane

イチゴ

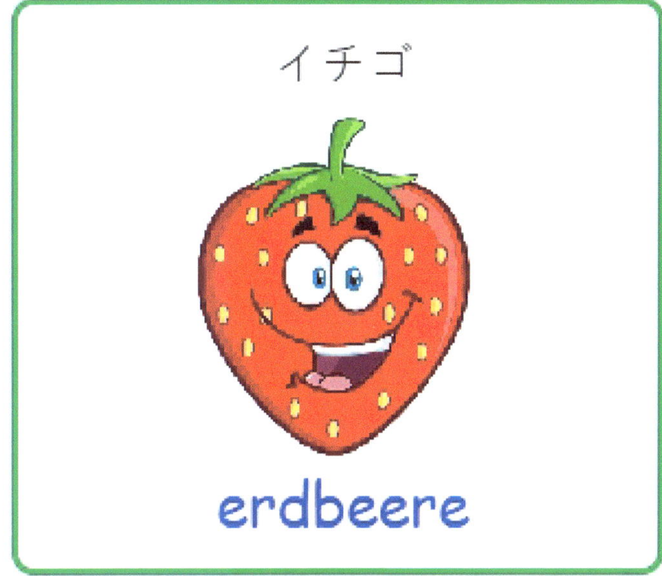

erdbeere

パイナップル

ananas

豆

bohne

キャンディー

süßigkeiten

ハム

schinken

ジュース

saft

キウイ
kiwi

お肉
fleisch

ナッツ
nüsse

玉ねぎ
zwiebel

ケチャップ
ketchup

チーズ
käse

グレープ
traube

にんじん
karotte

プリン
pudding

麺
nudeln

落花生
erdnuss

じゃがいも
kartoffel

ステーキ

steak

ドーナツ

donuts

野菜

gemüse

ソーセージ

wurst

パイ

kuchen

はちみつ

honig

スープ
suppe

アボカド
avocado

チョコレート
schokolade

ピザ
pizza

トマト
tomate

なす
auberginen

きゅうり

gurke

グレープフルーツ

grapefruit

サンドイッチ

sandwiches

桃

pfirsich

卵

eier

梅

pflaume

ザクロ

granatapfel

ラズベリー

himbeere

タンジェリン

mandarine

小麦

weizen

クッキー

plätzchen

キノコ

pilz

カブ

rübe

ドングリ

eicheln

コーン

mais

赤ちゃん

baby

キング

könig

キッズ

kinder

女王

königin

男の子

junge

兄

bruder

子供

kinder

農家

farmer

お父さん

vater

女の子

mädchen

おとこ

mann

母

mutter

魔女

hexen

シスター

schwester

理髪師

barbier

友達

freund

医師

arzt

ナース

schwester

魔術師

zauberer

写真家

fotograf

海賊

pirat

シェフ

koch

天使

engel

騎士

ritter

マーメイド

nixe

王女

prinzessin

先生

lehrer

パパ
papa

アーティスト
künstler

ミュージシャン
musiker

肉屋
metzger

指導者
führer

部長
manager

政治家	彼

politiker	**ihm**

パン屋	強盗

bäcker	**rauben**

大工	警官

zimmermann	**polizist**

ウェイター

kellner

警官

polizist

幼児

kleinkinder

ママ

mama

メイド

maid

飛行機

flugzeug

車

auto

原付

roller

自転車

fahrrad

バン

van

バス

bus

自転車

fahrrad

電車

züge

トラック

lastwagen

ジープ

jeeps

タクシー

taxi

ワゴン

wagen

ロケット

rakete

手押し車

karren

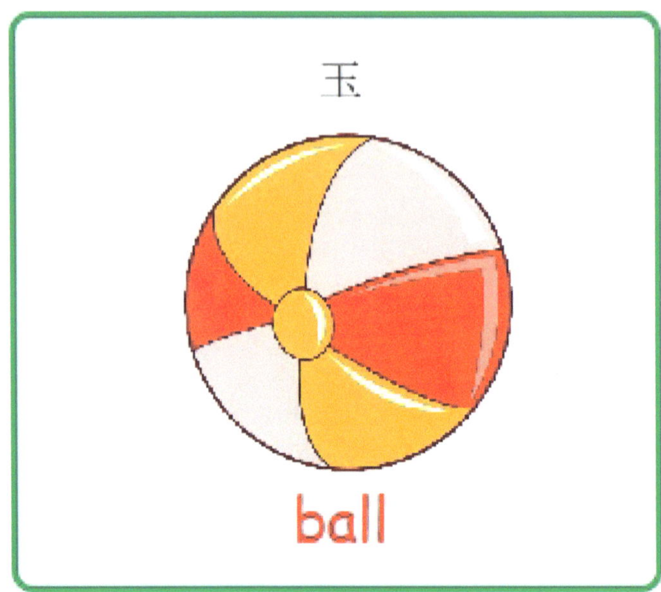

玉

ball

旗

flagge

パン

schwenken

花瓶

vase

タオル

handtuch

バッグ

tasche

水差し

krug

バックパック

rucksack

ネスト

nest

木

baum

傘

regenschirm

火山

vulkan

アンカー

anker

糸

garn

ジッパー

reißverschluss

つば

kragen

鏡

spiegel

www.ingramcontent.com/pod-product-compliance
Lightning Source LLC
Chambersburg PA
CBHW042006110726
48006CB00004B/991